Alexander Eisen

Unterrichtsentwurf: Die Figur der Chefin Ms. Walker aus dem Buch "Löcher" von Louis Sachar

Klasse 8, Deutsch

GRIN Verlag

Bibliografische Information der Deutschen Nationalbibliothek:

Die Deutsche Bibliothek verzeichnet diese Publikation in der Deutschen National-
bibliografie; detaillierte bibliografische Daten sind im Internet über http://dnb.d-
nb.de/ abrufbar.

Impressum:

Copyright © 2014 GRIN Verlag GmbH
Druck und Bindung: Books on Demand GmbH, Norderstedt Germany
ISBN: 978-3-656-73035-4

Dieses Buch bei GRIN:

http://www.grin.com/de/e-book/278524/unterrichtsentwurf-die-figur-der-chefin-
ms-walker-aus-dem-buch-loecher

GRIN - Your knowledge has value

Der GRIN Verlag publiziert seit 1998 wissenschaftliche Arbeiten von Studenten, Hochschullehrern und anderen Akademikern als eBook und gedrucktes Buch. Die Verlagswebsite www.grin.com ist die ideale Plattform zur Veröffentlichung von Hausarbeiten, Abschlussarbeiten, wissenschaftlichen Aufsätzen, Dissertationen und Fachbüchern.

Besuchen Sie uns im Internet:

http://www.grin.com/

http://www.facebook.com/grincom

http://www.twitter.com/grin_com

Ausführlicher

Unterrichtsentwurf

Die Figur der Chefin Ms. Walker aus dem
Buch Löcher von Louis Sachar

Anwärter:
Alexander Eisen

Datum:
25.06.2014

Inhalt

1 Bedingungsanalyse

1.1 Institutionelle Bedingungen

XX

1.2 Soziokulturelle und anthropologische Voraussetzungen

XX

1.3 Methodische und fachinhaltliche Voraussetzungen

Auf methodischer Ebene ist es die Klasse gewohnt, in Gruppen zu arbeiten. Die Gruppen finden sich meist selber zusammen, da diese Arbeitsform der Klasse bekannt ist. Das Sozialverhalten in den einzelnen Gruppen ist gut, da die SuS sich gegenseitig bei Schwierigkeiten unterstützen und keine abfälligen Bemerkungen in Richtung der schwächeren SuS fallen. Mobbing ist in dieser Klasse kein Problem. Individuelle Unterschiede bei der körperlichen und seelischen Entwicklung, insbesondere zwischen Mädchen und Jungen, führen dennoch zu unterschiedlichen Verhaltensweisen, da fachliche und methodische Fähigkeiten und Fertigkeiten unterschiedlich ausgeprägt sind.[1] Gruppenarbeit mit anschließender kurzer Präsentation bietet sich in der Klasse an, da die SuS gerne selber aktiv werden und ihre Ergebnisse vor der Klasse präsentieren möchten. Was die fachlichen Vorkenntnisse für die heutige Unterrichtsstunde betrifft, ist anzumerken, dass einige SuS das Buch in ihrer Freizeit freiwillig weiter gelesen haben bzw. auch den Film gesehen haben. Die SuS erstellen zu jedem gelesenen Kapitel eine kurze Inhaltsangabe/Überschrift, um den Überblick für die am Ende der Einheit stehende Klassenarbeit zu wahren. Häufig arbeitet die Klasse auch an einer Lerntheke, an der verschiedene Arbeitsaufträge erledigt werden können. Diese werden dann auf einem Kontrollblatt abgehakt. Die Fachlehrerin möchte mehr kreative Schreibaufträge durchführen. Daher werden in den folgenden Stunden derartige Arbeitsaufträge im Mittelpunkt stehen. Die SuS lesen weiterhin sehr gerne in verteilten Rollen.

---

[1] Vgl. Ministerium für Kultus, Jugend und Sport Baden Württemberg, 1994, S.43

Ein wichtiges Ritual in der Klasse ist das Heben der Hand, um Ruhe einzufordern. Erst wenn alle SuS ruhig sind, wird der Unterricht weitergeführt. Die SuS reagieren sehr schnell auf dieses Signal, was die effektive Lehr- und Lernzeit positiv beeinflusst.

1.4 Einbettung der Unterrichtsstunde in die Unterrichtssequenz

Die hier vorgelegte Stunde zum Thema „ Die Chefin Ms. Walker aus dem Buch Löcher von Louis Sachar" dient als Grundlage für den weiteren Umgang mit dem vorliegenden Text, bzw. auch als Basis für die Arbeit mit anderen lyrischen und epischen Texten. In den vorangegangenen Stunden wurden die Figuren Stanley Yelnats, die Jungs aus Zelt D und die Anfänge der Geschichte zu Stanleys Urgroßvater behandelt. In der letzten Stunde vor den Ferien standen das Kapitel 12 im Mittelpunkt und die Frage nach dem Leben „danach", also dem Leben nach dem Verlassen des Camps. Ein Arbeitsbegriff der hier eingeführt wurde, war Resozialisierung. Hier konnten die SuS der Frage von Mr. Pendanski: „Was würdest du gerne einmal machen?" nachgehen.

In dem aktuellen Kapitel 14 taucht zum ersten Mal die Figur „des Bosses" auf. Es ist nicht klar, warum die Jungs im Camp Green Löcher graben sollen, jedoch ist die Figur der Lagerchefin ein wichtiger Baustein, um sich die Lektüre selbstständig erschließen zu können. Daher steht diese Figur im Mittelpunkt der Stunde, um dem Geheimnis von Green Lake ein Stück näher kommen zu können.

2 Didaktische Reflexion

2.1 Kompetenzen und Inhalte des Bildungsplans

Der Bildungsplan des Landes Baden Württemberg 2004 sieht vor, dass eine zentrale Aufgabe des Deutschunterrichts die gezielte Leseförderung und die Stärkung des Leseinteresses ist.[2] Den SuS soll die Möglichkeit geboten werden, sich andere Welten zu erschließen, ihren Erfahrungshorizont zu erweitern und ein ästhetisches Bewusstsein zu entwickeln. Gerade hier bieten Jugendbücher eine gute Möglichkeit, durch Identifikation, bzw. Alteritätserfahrungen die Entwicklung einer eigenen

---

[2]Vgl. Ministerium für Kultus, Jugend und Sport Baden Württemberg, 2004, S.49

Identität voranzutreiben. Ein weiterer wichtiger Aspekt des Bildungsplanes 2004 ist, dass die SuS lernen, Texte mit Hilfe von Arbeitstechniken zu erschließen und auszuwerten.[3] Die sprachliche Bildung ist grundlegend wichtig für die weitere schulische Entwicklung sowie für das spätere Berufsleben. Zeitgleich versetzt sie die SuS auch in die Lage am gesellschaftlichen Leben teilzuhaben und dieses aktiv mitzugestalten. Gerade die Lesekompetenz gilt als Basiskompetenz für nachhaltiges Lernen, den selbstständigen Wissenserwerb und eine kompetente Mediennutzung. Die Unterrichtsstunde soll die SuS unter anderem auch auf das Lernen im Medienverbund vorbereiten, da der Einsatz moderner Medien als Bildungsgut einen wichtigen Faktor der Unterrichtsgestaltung darstellt. Das Erkennen verschiedener Adaptionen und das Abgleichen eigener Vorstellung und tatsächlicher filmischer Umsetzung soll angebahnt werden, um in den folgenden Stunden weiter mit der filmischen Adaption arbeiten zu können. Im Zentrum der vorliegenden Stunde steht jedoch die selbstständige Arbeit mit einem fiktionalen Jugendbuch. Es muss jedoch erwähnt werden, dass ein kompetenzorientierter Deutschunterricht alle Medien bewusst miteinbezieht und die ästhetische Bildung nicht vernachlässigt.[4] Hier bieten sich Filmgespräche und die Analyse filmischer Mittel an, um das meist in außerschulischen Zusammenhängen erworbene implizite Wissen bewusst zu machen bzw. es in eine kompetente Mediennutzung, wie sie der Bildungsplan ausweist, zu überführen. Bei dem vorliegenden Jugendbuch kann sehr gut im Medienverbund gearbeitet werden, da zusätzlich noch ein Hörbuch miteingebunden werden kann.

Die Gegenwartsbedeutung der Einheit ergibt sich aus der Tatsache, dass der Bildungsplan der Klassenstufe 8 im Fach Deutsch in allen Kompetenzbereichen (Sprechen, Schreiben, Lesen und der Umgang mit Texten und Medien) die Arbeit mit einem Jugendbuch vorsieht. Wichtig ist hier, dass sowohl Mädchen als auch Jungen, durch unterschiedliche Identifikationsfiguren, bei der Entwicklung einer geschlechtlichen Identität unterstützt werden. Im Vorliegenden Buch besteht die Möglichkeit der Assimilation zum größten Teil bei der Figur Stanley Yelnats. Jedoch ist

---

[3] Vgl. Ebd.

[4] Vgl. Maiwald, Klaus: Filmdidaktik und Filmästhetik, Lesen und Verstehen audiovisueller Texte, in: Frederking, Volker; Krommer, Hans-Werner (Hrsg.): Taschenbuch des Deutschunterrichts, Bd.2: Literatur- und Mediendidaktik, S. 219-237

auch eine Identifikation mit Nebenfiguren wie Sam oder Katherine Barlow möglich. Andererseits ist aber auch die Auseinandersetzung mit kontroversen Figuren des Romans, wie z.B Louise Walker, Linda Walker, Mr. Sir oder Trout Walker, möglich. Die SuS können somit eigene Probleme und Wünsche in dem Buch wiederfinden und sich dadurch lesend mit sich selber beschäftigen.

Die Zukunftsbedeutung ergibt sich aus den Vorgaben des Bildungsplanes, der die Kompetenzerweiterung in den Bereichen der mündlichen und schriftlichen Kommunikation, sowie im Umgang mit Texten und Medien als wichtigen Faktor hervorhebt. Die Arbeit mit einem Jugendbuch ermöglicht hier einen ganzheitlichen, integrativen Ansatz, da alle Arbeitsbereiche, sowie die Reflexion über Sprache und Sprachbewusstsein gefördert werden können. Eine mögliche Alternative wäre zum Beispiel die Unterscheidung von verschiedenen sprachlichen Registern (Jugendsprache im Camp Green Lake).

Hier setzt die Unterrichtsstunde an und eröffnet den SuS die Möglichkeit, sich mit dem Boss im Green Camp Lake auseinanderzusetzten. Diese Grundlagen sind wichtig, um den geteilten, jedoch parallel erzählten Handlungsverlauf zu durchdringen.

2.2 Sachanalyse

Der Protagonist der Romans Stanley Yelnats ist ca. 15 Jahre alt und stammt aus einer Familie der amerikanischen „lower-middle class". Er hat keine Freunde, ist übergewichtig und ein großer Pechvogel. Kurz vor den Sommerferien gerät er in den Verdacht, die Schuhe des berühmten Baseballspielers Clyde Livingston gestohlen zu haben und wird daraufhin verhaftet[5]. Obwohl Stanley unschuldig ist, wird er dennoch durch viele unglückliche Umstände, dem Richter vorgeführt. Das hat bei der Familie Yelnats Tradition. Die Familie führt diese nicht enden wollende Pechsträhne auf einen Fluch zurück, den Stanleys Ururgroßvater der Familie eingebrockt hat[6].

---

[5] Vgl. Sachar, Louis: Löcher, Die Geheimnisse von Green Lake, 2003, S.32ff.

[6] Vgl. ebd., S.12f.

Stanley hat die Wahl zwischen Gefängnis und 18 Monaten im Camp Green Lake. Es handelt sich hierbei jedoch nicht um ein Ferienlager für Jugendliche, sondern um eine Besserungsanstalt (Bootcamp) für schwer erziehbare Jugendliche. Dort müssen die Jugendlichen bei brütender Hitze, schwere körperliche Arbeit verrichten. Genauer gesagt müssen sie runde Löcher in den trockenen Wüstenboden graben. Das Graben dient angeblich der Charakterbildung und ist noch dazu sehr gefährlich, da es in der Wüste nur so an giftigen Tieren wimmelt.

Stanley wird bei seiner Ankunft in Camp von den Aufsehern Mr. Sir und Mr. Pendanski in Empfang genommen. Diese weisen ihm das Zelt zu, in dem er schlafen wird. Dort lernt er auch seine Mitgefangenen X-Ray, Magnet, Deo, Torpedo Zickzack und Zero kennen.

Anfangs fällt Stanley das Graben unheimlich schwer, jedoch erscheint ihm die körperliche Arbeit von Tag zu Tag einfacher. Er macht sich während der Arbeit Gedanken über das Leben im Camp und vermutet bald, dass das Graben nicht nur der Charakterbildung dient, sondern, dass irgendwo in der Wüste ein Schatz verborgen liegt. Da Stanley sich mit Zero angefreundet hatte, flüchtet Stanley, auch um Zero zu suchen. Stanley findet Zero[7] und gemeinsam schleppen sie sich zum „Großen Daumen", einem Berg, der auf beide eine magische Anziehungskraft ausstrahlt. Dort finden sie Wasser und Zwiebeln und kommen dadurch wieder zu Kräften.

Da Stanley ungefähr weiß, wo der Schatz liegen könnte, beschließen die beiden wieder in Camp zurückzukehren, um ihn zu heben[8]. In einem der Löcher stoßen sie auf einen großen Koffer, werden jedoch von der Chefin des Camps und Mr. Sir entdeckt. Diese wollen ihnen den Koffer sofort wegnehmen, haben jedoch Angst, da viele giftige Tiere in den Löchern leben. Stanley und Zero werden nur aufgrund des Zwiebelgeruchs nicht gebissen und gerade als die Chefin und Mr. Sir überlegen, die beiden einfach zu erschießen, taucht eine weitere Frau auf. Es ist Stanleys Anwältin, die ihm mitteilt, dass

---

[7] Vgl. ebd., S.195

[8] Vgl. ebd., S.238ff.

er doch freigesprochen wurde[9]. Aufgrund der Zustände im Camp werden die Chefin und die Aufseher verhaftet und Camp Green Lake geschlossen.

Parallel wird die Familiengeschichte der Yelnats erzählt. Die erzählte Zeit liegt um 1900. Elya Yelnats lebt in Lettland und ist unsterblich in eine junge Frau verliebt. Er muss dem Vater das fetteste Schwein im Dort bieten und holt sich Rat bei Madame Zeroni. Diese Verrät ihm, wie man das fetteste Schwein bekommt und erwartet als Gegenleistung die Erfüllung ihres letzten Wunsches. Elya bricht dieses Abkommen, bekommt seine Angebetete nicht zur Frau und flieht nach Amerika. Ab diesem Zeitpunkt scheint die Familie Yelnats verflucht[10].

Elyas Sohn wird später von der geflüchteten Banditin Kissin Kate Barlow in der Gegend von Camp Green Lake überfallen und ausgeraubt. Sie möchte sich an den Menschen dort rächen, die sie wegen ihrer Liebe zu dem schwarzen Zwiebelverkäufer Sam verurteilen. Den geraubten Schatz vergräbt sie.

Über zahlreiche Umwege und Verstrickungen finden mit Stanely und Zero die Nachfahren von Elya und Madame Zeroni wieder zusammen und schaffen es, den Fluch durch ihre Freundschaft zu brechen. Die Pechsträhne hat ein Ende und die beiden entdecken den verlorenen Schatz und es stellt sich heraus, dass dieser Stanley zusteht, weil dieser vor langer Zeit seinem Urgroßvater gestohlen wurde.

Schlussendlich sind beide Freunde reich, Stanely kauft ein Haus für seine Familie und Zero macht seine verschollene Mutter ausfindig. Hier schließt sich der Kreis und es hat sich alles zum Guten gewendet.

Der Roman bietet sich in zweierlei Hinsicht didaktisches Potential. Einerseits durch die vertrauten, assimilativen und die eher neuen, akkomodativen Aspekte.[11] Thematik, Figuren und Wirklichkeitsbezug ermöglichen den SuS einen individuellen Zugang zum Text und somit auch Anknüpfungspunkte für eigene Textdeutung. Dadurch wird das lesefördernde Potenzial des Romans deutlich. Durch die neuen, zusätzlichen Anforderungen, die der Text an das literarische Verstehen der SuS stellt, wird auch

---

[9] Vgl. ebd., S.270ff.

[10] Vgl. ebd., S.39ff.

[11] Vgl. Rank, Bernhard: Leseförderung und literarisches Lernen, in: Lernchancen, 8Jg., 2005, S-4-9

allgemein das literarische Lernen gefördert. Einige neue Punkte wären die Unterscheidung einer realen Grundidee von Fiktion, Aufgabe bzw. Zerstörung der kindlichen Geborgenheit innerhalb einer Familie, Drill, Gehorsam, Begegnung mit dem Tod bzw. Todesangst und ein geteilter, aber parallel erzählter Handlungsverlauf. Diese Punkte lassen sich alle in die Kategorien Wirklichkeitsbezug, Thematik, Figuren, Sprache und Stil, literarische Formelemente/Erzählkonzepte einordnen.

Das szenische Spiel ist eine Unterrichtsmethode, die von der spielerischen Darstellung einer Szene ausgeht, um Reflexionsprozesse anzustoßen. Dazu werden die Lernenden völlig ins Spiel integriert, sodass der Unterricht schüler- und handlungsorientiert ausgestaltet wird. Diese Unterrichtstechnik geht auf Ingo Scheller zurück, der sie vor allem als eine Methode für den Literaturunterricht einsetzte.[12]

2.3 Kompetenzen

Folgende Kompetenzen werden in der Stunde angebahnt (einige der genannten Kompetenzen werden dabei nicht wörtlich zitiert, sondern an die Stunde angepasst).

2.3.1 Fachliche Kompetenz

Die SuS können dem Kapitel 14 und 15 Informationen entnehmen und diese für sich nutzen (Umgang mit Texten), indem sie durch die Arbeitstechnik „Lesen – Markieren – Strukturieren" dem Text wichtige Begriffe zu Bearbeitung des Ab1 entnehmen. Auch können die SuS sinnverstehend in verteilten Rollen lesen (Lesen), indem sie sich selbständig das Kapitel 14 S.87-89, innerhalb ihrer Gruppe, erarbeiten. Des Weiteren können die SuS im szenischen Spiel eine Rolle übernehmen und gestalten (Sprechen), indem sie die Eindrücke aus der Phase des Lesens in verteilen Rollen diskutieren und ästhetisch umsetzten.

Auf Niveaustufe 1 können die SuS die Aufgabe mit Hilfe der Schablone lösen.

Auf Niveaustufe 2 können die SuS die Aufgabe ohne Schablone lösen.

• [12] Scheller, Ingo: Szenische Interpretation. Theorie und Praxis eines handlungs- und erfahrungsbezogenen Literaturunterrichts in Sekundarstufe I und II., 2004.

Auf Niveaustufe 3 können die SuS die Aufgabe ohne Schablone lösen und Rückschlüsse auf die zukünftige Bedeutung der Figur für den weiteren Handlungsverlauf schließen.

2.3.2 Methodische Kompetenz

Die SuS können die Arbeitstechnik „Lesen – Markieren – Strukturieren" anwenden, indem sie in Einzelarbeit die entsprechende Textstelle lesen, wichtige Informationen markieren und diese stichwortartig auf ihr Arbeitsblatt übertragen. Weiterhin können die SuS einen Textabschnitt ästhetisch gestaltend präsentieren, indem sie, vorbereitet durch das Lesen in verteilten Rollen, den Abschnitt szenisch darstellen.

2.3.3 Soziale Kompetenz

Die SuS können sich in unterschiedlichen Sozialformen kompetent verhalten, was durch den Wechsel zwischen Einzelarbeit, Gruppenarbeit und Unterrichtsgespräch gefördert wird. Weiterhin können die SuS in einer Gruppe kooperativ zusammenarbeiten, was durch die eigenständige Vorbereitung eines szenischen Spiels und die damit verbundene Diskussion innerhalb der Gruppe, angebahnt wird. Auch können sich die SuS in eine andere Person und deren Lage hineinversetzten, indem sie im szenischen Spiel eine Rolle übernehmen und individuell ausfüllen.

Auf Niveaustufe 1 können die SuS die Rolle einer Figur aus dem Buch vorlesen.

Auf Niveaustufe 2 können die SuS sich in die Rolle einer Figur hineinversetzten und diese in einer szenischen Darstellung präsentieren.

Auf Niveaustufe 3 können die SuS sich emphatisch in eine Figur hineinversetzten und diese mit rhetorischen Mitteln (Mimik/Gestik/ Artikulation) umsetzten.

2.3.4 Personale Kompetenz

Die SuS können sich im szenischen Spiel in eine Rolle hineinversetzten, indem sie verbale und nonverbale Mittel, der Kommunikationssituation angemessen, verstehen und sich zu nutzen machen. Außerdem können die SuS konzentriert und aufmerksam zuhören und sich an festgelegte Regeln, Rituale und Umgangsformen halten, was durch die Einzelarbeit, das Stopzeichen und die Gruppenarbeit gefestigt wird.

2.4 Stundenziel

Die Schüler und Schülerinnen kennen wichtige Eigenschaften der Figur der Chefin Ms. Walker und stellen eine Szene mit dieser Figur nach.

3 Methodische Reflexion

Da ich mich für die Durchführung einer Gruppenarbeit und die Durchführung einer szenischen Darstellung entschieden habe, sei zu Beginn erwähnt, dass ich aus Zeitgründen bereits vorab Gruppentische gestellt habe. Die SuS dürfen sich ihre Plätze frei wählen. Auf den Punkt der Gruppenarbeit werde ich jedoch später noch detaillierter eingehen.

3.1 Einstieg

Die Stunde beginnt mit einer kurzen Sequenz aus dem Film „Das Geheimnis von Green Lake" aus dem Jahre 2003. In dieser Szene tritt der Boss des Camp Green Lake zum ersten Mal in Erscheinung. Jedoch werde ich an einer Stelle pausieren, an der noch nicht ganz enthüllt ist, wer genau nun kommt, bzw. wie diese Person schlussendlich aussieht. Die SuS haben dann kurz Zeit, diese Szene auf sich wirken zu lassen. Daraufhin leite ich zu einem kurzen Unterrichtsgespräch über, währenddessen die SuS ihre Assoziationen mit dem Gesehenen äußern und diskutieren dürfen. Die Fragen auf dem Arbeitsblatt schließen direkt an die ausgewählte Sequenz an und der Film ermöglicht den SuS somit einen auditiven/visuellen Zugang zu dem Thema der Stunde, macht neugierig und weckt Interesse an der Figur des Bosses. Wichtig ist mit hier auch, dass die SuS ihre Vorkenntnisse und Vorerfahrungen aktivieren. Durch das Unterbrechen der Auflösung der Szene möchte ich Fragen hervorrufen, die im Laufe der Stunde von den SuS individuell geklärt werden können. Leitfragen könnten hier sein: Wie sieht der Boss im Film aus? vs. Wie stelle ich mir persönlich den Boss vor? vs. Wie setzten wir den Boss in der Gruppe um?

Ich habe mich bewusst für den Film und diese Sequenz entschieden, da diese Szene zentrales Element der Stunde sein wird und die SuS auch im Buch genau diese Stelle in verteilten Rollen lesen werden. Ich möchte hier auch die Grundlage für die Arbeit im

Medienverbund legen und den Film als Option für die Analyse filmischer Mittel, bzw. einem Filmgespräch in den nächsten Stunden einführen. Weiterhin wäre in den folgenden Stunden ein Vergleich der filmischen Adaption mit dem Buch bzw. dem Hörbuch denkbar.

Ein alternativer Einstieg wäre über das Hörbuch denkbar gewesen, währenddessen die SuS parallel im Buch mitlesen. Ich habe mich jedoch bewusst dagegen entschieden, da ich den Film hier wesentlich deutlicher bzw. für die SuS eindrucksvoller unterbrechen kann und somit mit Schwung in die Erarbeitungsphase überleiten kann. Noch dazu entsteht dadurch die Möglichkeit, den SuS am Ende der Stunde die filmische Adaption der Szene zu Ende zu zeigen und ihre individuellen Vorstellungen in Kontrast dazu zu stellen. Diese Option erschien mir, auch mit Blick auf die folgenden Stunden, als äußerst fruchtbar.

3.2 Erarbeitung

Zu Beginn der Erarbeitungsphase erstellen die SuS einen Steckbrief zu der Figur des Bosses, mithilfe der Arbeitstechnik „Lesen – Strukturieren – Exerpieren". Der Arbeitsauftrag wird verbal formuliert und steht unterstützend noch auf einer Folie, die ich dann per OHP an die Wand projiziere. Die SuS sitzen während der dieser Phase schon an Gruppentischen, werden jedoch das Arbeitsblatt (Steckbrief) in Einzelarbeit bearbeiten.

Während dieser Phase lesen die SuS Kapitel 14 und 15 durch, markieren wichtige Textstellen in Bezug auf die Fragestellungen des Arbeitsblattes (Steckbrief) und exerpieren Stichworte aus dem Text. Die Aufgabe dient zur Vorbereitung auf die szenische Darstellung und wurde bewusst so kurz gehalten, dass eine kurze Besprechung den zeitlichen Rahmen nicht sprengt. Für SuS, die schon früher mit der Aufgabe fertig sind, besteht die Möglichkeit noch zusätzliche Aufgaben zu bearbeiten. Für schwächere Schüler, die nicht schnell lesen können, bzw. Schwierigkeiten mit dem Markieren und Exerpieren haben, stelle ich eine Schablone zur Verfügung, die auf den wichtigen Seiten angelegt werden kann und Zeilen mit wichtigen Informationen anzeigt. Das stellt die Differenzierung für schwächere und stärkere Schüler sicher. Wichtig ist mir hierbei, dass gewisse Grundkenntnisse über Figuren im Text gesichert werden, um auch bei Klassenarbeiten darauf zurückgreifen zu können, bzw. das Einüben einer Arbeitstechnik um einem Text wichtige Informationen entnehmen zu können.

Bei der Grobplanung der Stunde wollte ich mich ursprünglich intensiver dieser Phase widmen, habe mich jedoch dann dazu entschlossen, größeren Wert auf die Durchführung der szenischen Darstellung zu legen, da sie SuS größtenteils Texte gut erfassen können. Somit dient die Erarbeitungsphase mehr als zusätzliche Aktivierung und Vorbereitung für die Anwendung.

3.3 Anwendung

Während der Anwendungsphase haben die einzelnen Gruppen, welche schon seit Beginn der Stunde an einem Tisch sitzen, die Aufgabe, die entsprechende Textstelle nochmals in verteilten Rollen zu lesen. Die Lesephase dient der Vorbereitung auf die szenische Darstellung und als zusätzliche Motivierung. Ich lasse die SuS hier bewusst nochmals in verteilten Rollen lesen, da die Klasse hier immer sehr positiv und motiviert mitarbeitet.

Thematisch bezieht sich der Anwendungsphase auf die erarbeiten Informationen der vorherigen Phase. Im Zentrum steht jedoch die kreative und ästhetische Umsetzung in eine szenische Darstellung. Leitfragen sind hierbei: „Wie sprechen die einzelnen Personen und wie sieht ihre Mimik und Gestik aus?" sowie „Wer hat in dieser Szene das Sagen? Woran merkt man das?"

Die Fragen dienen zur Orientierung und Unterstützung der SuS und sollen die gemeinsamen Überlegungen fördern. Des Weiteren hat jeder SuS die Möglichkeit, seine Eindrücke und Stichworte aus der Erarbeitungsphase einzubringen. Ich habe mich hier bewusst für ein szenisches Spiel entschieden, da die Klasse diese Methode noch nicht kennt, jedoch äußerst positiv auf das Lesen in verteilten Rollen reagiert hat. Somit ist für mich der nächste logische Schritt, die SuS dazu zu animieren, Inhalte sachgerecht und adressatenbezogen vor Zuhörern zu präsentieren und dabei speziell auch auf rhetorische Mittel (verbal/nonverbal) zu achten. Mir ist bewusst, dass es in dieser Phase auch zu einer Totalverweigerung kommen kann, jedoch traue ich der Klasse die Umsetzung einer szenischen Darstellung zu. Notfalls werde ich jedoch während der Präsentationsphase einige SuS die Textstelle in verteilten Rollen vor der Klasse lesen lassen um mich einer szenischen Darstellung langsam annähern zu können. Sollte einige SuS Probleme haben sich in die Rolle einzufinden, habe ich unterstützend noch Rollenkarten angefertigt, welche die Überlegungen der SuS anregen sollen.

Die SuS lernen, sich in eine Rolle emphatisch hineinversetzten zu können. Während der Präsentationsphase werden sich die SuS gegenseitig ein kurzes Feedback geben, was hauptsächlich die Festigung der sozialen und personalen Kompetenzen unterstützen soll.

Sollte ich zeitliche Probleme bekommen, werde ich die Präsentationsphase auf eine oder zwei Darstellung begrenzen, da es mir auch wichtig ist, den Unterricht mit der Auflösung der Szene aus dem Film abzurunden.

Ich habe mich auch bewusst gegen einen engeren Verlauf entschieden, da ich die SuS nicht sofort überfordern möchte um später häufiger szenische Verfahren nutzen zu können bzw. mit den SuS auch verschiedene szenische Verfahren diskutieren möchte.

Den Abschluss bilden die Auflösung der Filmszene und die damit verbundene Vorstellung des Aussehens der Figur im Film im Vergleich mit eigenen Vorstellungen. Hier möchte ich die SuS auf die weitere Arbeit mit dem Film vorbereiten und mir die Möglichkeit zur Arbeit mit filmischen Mitteln, Filmgesprächen und Filmanalysen offen halten.

4 Literaturverzeichnis

- Maiwald, Klaus: Filmdidaktik und Filmästhetik, Lesen und Verstehen audiovisueller Texte, in: Frederking, Volker; Krommer, Hans-Werner (Hrsg.): Taschenbuch des Deutschunterrichts, Bd.2: Literatur- und Mediendidaktik,2010, S. 219-237

- Ministerium für Kultus, Jugend und Sport Baden Württemberg, Bildungsplan für die Realschule, Villingen-Schwenningen, 2004, in: http://www.bildung-staerkt-menschen.de/service/downloads/Bildungsplaene/Realschule/Realschule_Bildungsplan_Gesamt.pdf (letzter Zugriff: 20.06.14)

- Rank, Bernhard: Leseförderung und literarisches Lernen, in: Lernchancen, 8Jg., 2005, S-4-9

- Sachar, Louis: Löcher, Die Geheimnisse von Green Lake, 2003, Beltz Verlag

- Scheller, Ingo: Szenische Interpretation. Theorie und Praxis eines handlungs- und erfahrungsbezogenen Literaturunterrichts in Sekundarstufe I und II. Seelze-Velber: Kallmeyersche Verlagsbuchhandlung, 2004

5 Anhang

Strukturskizze

Arbeitsblatt

Arbeitsauftrag szenische Darstellung

Hilfsblatt zur szenischen Darstellung

Unterrichtsverlaufsplan

Fach: Deutsch *Klasse*: 8a	*Stundenziel*: Die Schüler und Schülerinnen kennen wichtige Eigenschaften der Figur der Chefin Ms. Walker und stellen eine Szene mit dieser Figur nach.	*Name*: Alexander Eisen
Datum: 25.06.2014 *Uhrzeit*: 11:25 – 12:10	**Fachkompetenz:** • Die SuS können dem Kapitel 14 und 15 Informationen entnehmen und diese für sich nutzen (Umgang mit Texten) • Die SuS können sinnverstehend in verteilten Rollen S. 87-89 lesen (Lesen) • Die SuS können im szenischen Spiel eine Rolle übernehmen und gestalten (Sprechen) **Methodenkompetenz:** • Die SuS können die Arbeitstechnik „Lesen – Markieren – Exzerpieren" anwenden • Die SuS können einen Textabschnitt ästhetisch gestaltend präsentieren • Die SuS können ein szenisches Spiel vorbereiten **Soziale Kompetenz:** • Die SuS können sich in unterschiedlichen Sozialformen kompetent verhalten. • Die SuS können in einer Gruppe kooperativ zusammenarbeiten. • Die SuS können sich in eine andere Person und deren Lage hineinversetzten. **Personale Kompetenz:** • Die SuS können sich in eine Rolle hineinversetzten und diese im szenischen Spiel umsetzten • Die SuS können konzentriert und aufmerksam zuhören und sich an festgelegte Regel, Rituale und Umgangsformen halten.	*Mentor*: _

Zeit:	Phase:	Schüler-Lehrer-Interaktion	Sozialform/ Methode	Medien/Material
ca. 3min 11:25-11:28	Einstieg	L begrüßt die Klasse und stellt den anwesenden Gast vor. L startet den Filmausschnitt und unterbricht an der entscheidenden Stelle.	visueller/auditiver Impuls	Film Beamer
ca. 2min 11:28-11:30	Überleitung	L leitet bei Inaktivität der SuS durch Impulsfragen zur Erarbeitungsphase über, erklärt die weitere Vorgehensweise und den Arbeitsauftrag. Wer taucht an dieser Stelle zum ersten Mal auf?	UG	
ca. 6min 11:30-11:36	Erarbeitung I	SuS arbeiten nach der (abgewandelten) Arbeitstechnik „Lesen – Markieren – Exzerpieren" 1. SuS lesen den Textabschnitt S. 86-89. 2. SuS markieren die relevanten Textstellen. 3. SuS exzerpieren Stichworte und tragen diese in die Tabelle auf dem Arbeitsblatt ein. SuS erstellen einen Steckbrief und bearbeiten ggf. die Zusatzaufgaben auf dem Arbeitsblatt.	Einzelarbeit Arbeitstechnik: „Lesen – Markieren - Exzerpieren"	Buch Arbeitsblatt (Steckbrief) Puffer: Zusatzaufgaben Differenzierung: Schablone für die Buchseite mit Markierungen.

			Sozialform	Medien
ca. 5min 11:36-11:41	Überleitung	L fordert die SuS auf ihre Ergebnisse vorzutragen. L notiert die Ergebnisse in der Tabelle auf der Folie.	Plenum	OHP Folie Folienstift
ca. 15min 11:41-12:56	Anwendung	L leitet zur zweiten Erarbeitungsphase über und erklärt den Arbeitsauftrag.	Frontal	Unterstützung via OHP
		SuS lesen die Textstelle in verteilten Rollen und bereiten sich in der Gruppe darauf vor die Szene frei nachzuspielen.	Gruppenarbeit	Buch Differenzierung: Rollenkarten
ca. 9min 12:56-12:05	Präsentation	SuS präsentieren ihre Szene vor der Klasse. SuS geben sich gegenseitig kurzes Feedback.|	Szenische Darstellung	Buch
ca. 5min 12:05-12:10	Abschluss	L lässt den Filmausschnitt vom Beginn der Stunde weiterlaufen. L verabschiedet die Klasse.	UG	Film Beamer

Arbeitsblatt Steckbrief

Steckbrief: Der Boss

Größe	
Haare	
Kleidung	
Besondere Merkmale	
Was weißt du noch?	

Aufgaben:

1. Lies dir Seite 86-89 genau durch
2. Markiere wichtige Stichworte „zum Boss" in deinem Buch.
3. Übertrage die Stichworte in die Tabelle.

Zusatzaufgaben:

4. Der Alltag der Jugendlichen verändert sich durch das Auftreten des Bosses!

a.) Was ordnet sie an?

_____

b.) Was könnte der Grund dafür sein?

_____

_____

Hilfe zur szenischen Darstellung

Allgemeine Information:

Eine szenische Darstellung ist das Nachspielen bestimmter, vorgegebener Situationen!

Vorbereitung:

Leitfragen

- Welche Personen treffen zusammen?
- Worum soll es gehen? Welcher Konflikt/welches Problem soll dargestellt werden?
- Wer spielt welche Rolle?
- Wie sprechen die einzelnen Personen? Wie sieht ihre Mimik und Gestik aus?

Grundlegende Informationen:

- Kurze Dialoge.
- Sprache der Situation anpassen (Wie spricht der Boss?).
- Nutz eure Eindrücke aus dem Lesen in verteilten Rollen.
- Denkt daran, eure Körpersprache an die Situation anzupassen.
- Denkt euch in die Personen und ihre Gefühle hinein!

1

Arbeitsauftrag

- Lest die Szene auf Seite 87 bis zum Ende von Kapitel 14 in verteilten Rollen.

- Bereitet euch darauf vor, die Szene frei vor der Klasse nachzuspielen.

- Seid kreativ und sprecht möglichst frei!

- Versetzt euch in die Lage der jeweiligen Person!

Unterstützung und eine Anleitung zum Nachspielen der Szene findet ihr auf dem Hilfsblatt an eurem Gruppentisch.

Rollenkarten

Rollenkarte: der Boss

- groß
- streng
- Autorität
- Chef im Camp Green Lake
- selbstsicher

Rollenkarte: X-Ray

- Anführer
- klein
- sieht schlecht
- am längsten in Camp Green Lake
- Gibt Stanleys Fund als seinen Fund aus

Rollenkarten als Unterstützung für die szenische Darstellung

Rollenkarte: Mr. Pendanski

- junger Mann
- hat Respekt vor Stanley
- kurze Haare
- ist häufig nett
- unterwürfig gegenüber dem Boss

Rollenkarte: Stanley

- übergewichtig
- ruhig
- nachdenklich
- häufig verunsichert
- hat keine Freunde